PANÉGYRIQUE

DE

SAINTE THÉRÈSE

PRONONCÉ LE 15 OCTOBRE 1890

Dans la Chapelle des Carmélites d'Orléans

PAR

M. L'ABBÉ LAROCHE

VICAIRE GÉNÉRAL

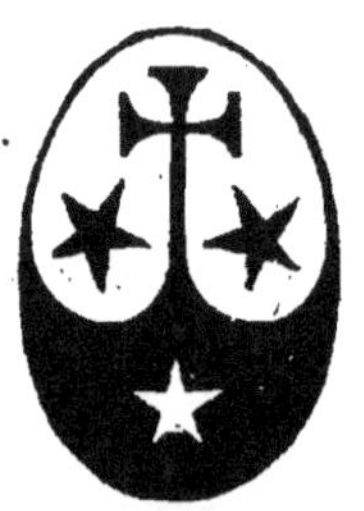

ORLÉANS

H. HERLUISON, LIBRAIRE-ÉDITEUR

17, RUE JEANNE-D'ARC, 17

1890

PANÉGYRIQUE

DE

SAINTE THÉRÈSE

PRONONCÉ LE 15 OCTOBRE 1890

Dans la Chapelle des Carmélites d'Orléans

PAR

M. L'ABBÉ LAROCHE

VICAIRE GÉNÉRAL

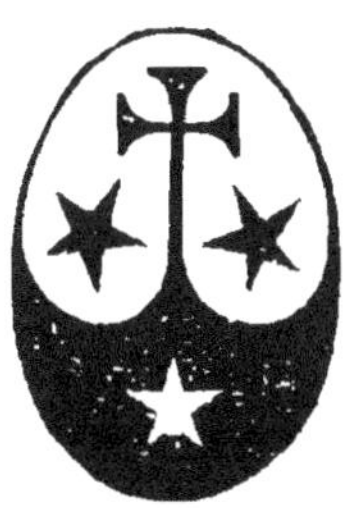

ORLÉANS

H. HERLUISON, LIBRAIRE-ÉDITEUR

17, RUE JEANNE-D'ARC, 17

—

1890

PANÉGYRIQUE

DE

SAINTE THÉRÈSE

PRONONCÉ LE 15 OCTOBRE 1890

Dans la Chapelle des Carmélites d'Orléans

Dilexit multùm.
« Elle a ardemment aimé. »
(LUC, VII, 47.)

MES CHÈRES SŒURS,
MES FRÈRES,

Les plus grandes parmi les créatures humaines sont celles qui ont le plus aimé l'objet le plus digne des affections d'une âme immortelle et qui, livrées aux inspirations de cet amour, ont réalisé les plus grandes œuvres et fait les plus grands sacrifices.

Or, après la Vierge Marie et la grande pénitente du Calvaire Marie-Madeleine, je ne connais pas d'âme qui ait plus et mieux aimé que Thérèse.

Je n'en connais pas qui, à travers les ombres d'ici-bas, ait vu, dans une clarté plus complète et plus rayonnante, la beauté de Dieu et de Jésus-Christ; qui, dans la contemplation de cette beauté, ait senti s'allumer un amour plus ardent, plus profond, plus généreux; qui, sous l'action toute-puissante et dans l'enivrement de cet amour, ait jeté des cris plus émouvants, tenté des œuvres plus grandes, se soit immolée dans de plus héroïques sacrifices.

C'est cette âme que je voudrais vous peindre. Je voudrais vous la montrer montant de degrés en degrés jusqu'aux plus hauts sommets du monde surnaturel ; là, dans une contemplation ardente et lumineuse, fixant l'idéal suprême de toute perfection, Notre-Seigneur Jésus-Christ, et s'enflammant, pour lui, d'un amour extraordinaire ; puis, soulevée par cet amour, concevant les plus audacieuses entreprises, et allant, à travers tous les obstacles et toutes les douleurs, à un but sublime : la réforme d'un grand ordre religieux et la régénération de l'Église.

Pour dire de telles choses il faudrait le langage des Séraphins, le vôtre, ô Thérèse! Ou plutôt il ne faudrait pas les dire, il faudrait les chanter. Allumez dans mon cœur une étincelle du feu qui brûlait le vôtre et qu'elle éclaire et échauffe ma parole. *Ave, Maria.*

I

Je n'ai pas l'intention, mes Sœurs, de vous raconter dans tous ses détails la vie de Thérèse. Je veux la prendre surtout par le côté intime et chercher d'abord quel a été en elle le principe, quelle a été la source profonde d'où ont jailli sa sainteté et ses œuvres. Or, je ne crois pas me tromper en affirmant que ce fut l'oraison.

Sous le toit paternel, au milieu des insouciances et des divertissements du premier âge, Dieu se montre à elle à travers la grâce aimable de sa mère, à travers les austères vertus de son père et commence à l'attirer à lui.

Bientôt le rayon divin devient plus vif et l'attrait plus fort.

Elle a lu la vie des saints, le récit des tourments des martyrs; les tigres, les lions, les chevalets, les croix, n'ont pas épouvanté la généreuse enfant. Elle a tressailli au contraire devant cette éclatante manifestation d'amour, devant ces luttes héroïques et le triomphe qui les termine. « Voir Dieu, s'écrie-t-elle avec transport, voir Dieu, le voir toujours, toujours! » Et son imagination s'enflammant de plus en plus, elle rêve, elle aussi, le martyre, et elle part furtivement un beau matin avec un de ses frères pour le chercher.

Le martyre, il viendra un jour, ô Thérèse, sous des formes que vous ne soupçonnez pas, mais l'heure n'en est pas encore venue.

Un de ses oncles la rencontre et la ramène à sa mère, et, aux doux reproches qu'elle lui adresse, elle n'a qu'une réponse : « Je suis partie parce que je voulais voir le Seigneur! »

Je ne sais, mes Frères, quelle impression font sur vous ces aspirations, ces élans, ces enthousiasmes d'une âme d'enfant, mais j'avoue que, pour moi, ils m'émeuvent et me ravissent. Évidemment, cette âme va au grand, au sublime, et si ses regards s'arrêtent un instant aux vanités de ce monde, ils se relèveront bientôt pour chercher la vraie, l'impérissable beauté.

Thérèse a quinze ans. Elle est à cet âge périlleux et charmant de l'adolescence où le cœur de la jeune fille s'ouvre plein d'aspirations vagues et de désirs incertains. Elle est grande, elle est belle. Elle a sur son front tous les charmes, sur ses lèvres toutes les saillies de l'esprit le plus vif, et dans sa physionomie je ne sais quoi d'ouvert, de sympathique et d'ardent auquel les cœurs ne résistent pas. Elle apparaît radieuse et charmante au milieu du monde, elle attire tous les regards, elle provoque toutes les louanges et toutes les sympathies, et, prise au doux piège, elle finit par aimer un monde qui l'aime tant elle-même. En même temps, cédant au goût de l'époque et aux ardeurs de sa propre imagination, elle lit des romans de chevalerie, elle s'égare dans le pays des rêves, et cette admiration qu'éveillaient autrefois en elle les austères physionomies et les grandes vertus de nos saints, elle l'éprouve maintenant pour des héros fantastiques et pour leurs fabuleux exploits. La prière se refroidit sur ses lèvres : elle abandonne l'oraison, l'idéal divin s'obscurcit.

Il faut rompre l'enchantement.

Dieu frappe : il lui enlève sa mère, il mêle les premières gouttes d'amertume à ses joies. Il la conduit ensuite au couvent des Augustines; il fait passer devant ses yeux de saints exemples; il lui fait voir de près la régularité, l'émulation généreuse, l'austère bonheur du cloître. Il fait plus : il fait pâlir son visage; il étend sur un lit de douleur ce corps dont elle était trop fière, qu'elle couvrait de dentelles et de parfums. Les illusions s'évanouissent, sa conscience se réveille; la prière se ranime sur ses lèvres, l'idéal de la vie parfaite réapparaît devant son âme; il lui semble même parfois entendre des voix mystérieuses qui l'appellent à le réaliser. Mais elle se trouble, elle hésite, et, toute généreuse qu'elle est, la fière Espagnole frémit à la pensée d'aliéner sa liberté. Un jour, pourtant, ses regards tombent sur un crucifix. A la vue de ce grand emblême de l'amour et du sacrifice, elle rougit d'elle-même; elle court à son père, elle lui déclare sa résolution, et, après des larmes, des sanglots, des résistances désespérées, elle finit par s'arracher de ses bras, elle part et elle entre au monastère de l'Incarnation.

Le déchirement avait été tel que, vingt ans après, son âme en frissonnait encore et elle ne croyait pas que la mort même pût lui réserver un pareil tourment. Au moment de franchir le seuil, il lui avait semblé que ses os se détachaient les uns des autres et qu'elle allait mourir.

Oui, ô Thérèse, il faut mourir, mourir au monde, mourir

à vous-même, ne plus disputer à Jésus-Christ ce cœur que lui seul peut remplir et reprendre avec lui vos communications intimes.

Elle les reprend, en effet; elle passe de longues heures devant le tabernacle, immobile, le visage en feu, les yeux baignés de larmes, abîmée dans la contemplation.

Mais, ô faiblesse du pauvre cœur humain et qu'il a de peine à fixer ses affections mobiles et son inquiétude éternelle!

Thérèse n'a pas oublié le monde et le monde ne l'a pas oubliée. Les images d'autrefois passent et repassent encore devant son âme, et, à certaines heures, les joies de l'amour divin semblent ne plus suffire à son cœur, car elle aspire encore à la dangereuse douceur des affections humaines.

Elles reviennent à elles : il lui est si facile d'être aimée! La société d'Avila se presse aux grilles des parloirs; elle veut revoir, elle veut entendre cette jeune religieuse qu'elle a tant admirée dans le monde et qu'elle retrouve, spirituelle et charmante, au fond du cloître avec un attrait de plus. On se dispute ses instants et Thérèse les donne avec tant de bonne grâce et de prodigalité qu'elle finit par n'en plus trouver pour l'oraison. Notre-Seigneur lui apparaît, avec un visage triste et sévère, et lui reproche ses infidélités. Il fait un nouveau vide dans son cœur en lui enlevant son père. Elle revient à lui; mais, chose étrange! pendant de longues années encore, elle flotte, indécise, et ne peut se décider à prendre son plein vol.

Ah! que Dieu est un grand maître! Répandre de l'amertume sur toutes les joies humaines, déchirer par la main de la mort les parures du monde, l'étendre sur un lit de douleur, la réduire à l'impuissance, lui enlever même ceux qu'elle aime, pour subjuguer une telle âme, non, ce ne sont pas les moyens souverains. Le moyen souverain, c'est de l'aimer quand même; le moyen souverain, c'est de répondre à ses infidélités par des bienfaits, c'est de la punir par des grâces, c'est de lui infliger le tourment exquis, délicat, divin, de la reconnaissance. Ce moyen, Jésus-Christ le prend. Il l'inonde de clartés, il l'enivre de délices. A la fin, Thérèse n'y tient plus. Elle est prise par le cœur et vaincue par l'amour.

Ah! maintenant que le ciel se ferme au-dessus de sa tête; que la lumière s'éteigne; que les délices cessent; que l'ennui, le dégoût, la tristesse, se fassent sentir; que les jours passent dans une monotone mélancolie; que la vie étende devant elle ses heures comme le désert étend ses sables arides sous un ciel de plomb; que l'oraison lui soit un supplice, et que l'heure qui doit en sonner la fin soit attendue comme une délivrance. Cette heure, elle l'attendra. Ce supplice, elle l'endurera. Elle commence à comprendre que l'amour se nourrit de sacrifices encore plus que de joies. Quatorze ans durant, l'aube la retrouve prosternée à la place que la veille elle a baignée de ses larmes. Son âme s'épure dans la souffrance et son amour se fortifie. Il n'a pas encore, cependant, toute sa flamme. Le grand coup n'est pas encore porté.

Enfin le jour de Dieu se lève. Thérèse a quarante ans. Elle est à genoux dans son oratoire. Jésus-Christ lui apparaît, avec ses clous, ses épines, dans la sanglante et divine parure de ses plaies et de son sang. Cette fois, elle est définitivement vaincue; les larmes ruissellent de ses yeux et son cœur se fend.

C'en est fait : tous les liens qui la retenaient encore à la terre sont brisés. Son âme, soulevée par les grands souffles célestes, ne descendra plus. Désormais, sa vie sera une perpétuelle ascension vers Dieu. Elle aura, sans doute, pour l'oraison, des heures déterminées, mais, à chaque heure, partout, dans sa cellule, au réfectoire, dans la cour de récréation, son âme montera vers lui.

Qu'est-ce donc, mes Frères, que l'oraison? Qu'est-ce que cet acte auquel toute la vie de Thérèse est suspendue?

Nul ne saurait mieux nous le dire qu'elle-même. « L'oraison est un intime commerce d'amitié où l'âme s'entretient seule à seule avec Dieu et où elle ne se lasse pas d'exprimer son amour à Celui dont elle sait qu'elle est aimée. »

Oui, la voilà, dans son essence intime et profonde ; c'est l'entretien, c'est le colloque de Dieu et de l'âme, du Père et de la fille ; entretien dans l'ombre, à travers un voile, colloque à voix basse, mais où cependant on se dit tout ; c'est l'épanchement mutuel de deux cœurs ; d'un côté des lumières, des attraits, des consolations, des grâces ; de l'autre des adorations, des actions de grâces, des regrets, des demandes, des larmes, des effusions d'amour. Pour de tels épanchements, il faut que l'âme se replie, qu'elle rentre en elle-même dans une solitude intérieure où les bruits de la terre ne pénètrent pas ou s'éteignent. A certaines heures, et pour certaines âmes privilégiées, les sens eux-mêmes s'assoupissent ; le mouvement tumultueux de la pensée s'arrête, et Dieu, s'approchant de l'âme, la fixe tout entière et la tient suspendue et ravie.

Je ne vous décrirai pas tous ces états intérieurs, tous ces degrés de lumière et d'amour : recueillement, quiétude, transports, union, extase, ravissement, vol de l'âme, mariage spirituel. Ces états, Thérèse les connaît tous. Ces degrés, elle les franchit. Tantôt son âme s'endort dans un doux repos sur le sein du Bien-aimé ; tantôt elle s'écoule, elle se fond suavement en lui ; à d'autres heures, l'Esprit-Saint, comme un grand aigle, l'emporte et la jette aux pieds de Dieu, frémissante d'amour et d'un saint effroi. Un monde nouveau s'ouvre devant elle ; l'enfer lui livre le secret de ses supplices, le ciel celui de ses joies ; la Vierge Marie, les saints, lui apparaissent ; l'auguste Trinité laisse elle-même tomber un instant les voiles qui la couvrent et lui permet de jeter un regard dans ses mystérieuses profondeurs.

Mais c'est Notre-Seigneur Jésus-Christ surtout qui est

l'objet de son incessante contemplation. Il se montre à elle tantôt sous les traits charmants de l'enfance, tantôt sous le voile d'ignominies du Calvaire, tantôt dans l'éclat et la gloire de sa résurrection. Il lui parle, il lui sourit, il la reprend, il l'encourage, il lui dévoile les profonds abîmes de son amour.

Comment vous peindre l'effet de ces communications intimes avec le ciel?

Le corps de Thérèse est soulevé de terre ; son visage rayonne, une beauté céleste illumine ses traits. A la clarté divine qui l'éclaire, elle aperçoit en elle les plus légères taches, comme dans une eau traversée par les rayons du soleil on aperçoit les moindres atomes. Elle s'enfonce alors dans son humilité, elle s'abîme dans son néant. Mais bientôt elle se relève. Elle ne se regarde plus elle-même, elle ne voit plus que Dieu. Son courage s'affermit, son zèle s'enflamme ; toutes les vertus, et, c'est là ce qui la rassure contre le péril de l'illusion, toutes les vertus se développent avec une rapidité extraordinaire, comme les plantes sous de grands coups de soleil. Mais le sentiment qui se développe avec plus de puissance que tous les autres, c'est l'amour, un amour tendre, ardent, profond, enthousiaste, sublime. Chaque vision s'achève par un embrasement divin.

Ah ! chrétiens, nous aussi, à certaines heures, nous avons entrevu Dieu. Nous l'avons entrevu dans l'éclat, la fraîcheur, la pureté d'une rose ou d'un lys : c'était son sourire ! Nous l'avons entrevu dans le rayonnement doux et vif des étoiles, nous l'avons entrevu dans les lignes fines et pures d'une physionomie d'enfant : c'était sa lumière et sa grâce ! Nous l'avons entrevu dans les sommets blancs de neige, dans les pics grandioses et élancés des montagnes, dans les soulèvements des flots et les tempêtes de l'Océan : c'était sa puissance ! Nous l'avons entrevu dans les dévoûments, les vertus d'une âme héroïque : c'était sa sainteté !

Oui, et, cependant, qu'étaient ces apparitions de Dieu à travers la nature ou l'ame humaine?... Des reflets, des rayons : rayons pâles, reflets lointains; et cependant nous avons tressailli, et cependant c'est à ce spectacle affaibli de la beauté divine que nous devons les émotions les plus profondes, les enthousiasmes les plus ardents, les joies les plus pénétrantes de notre vie.

Qu'eût-ce donc été si, comme Thérèse, nous avions vu cette beauté elle-même, lumineuse, rayonnante, dans une vision pour ainsi dire ininterrompue, dans des extases sans cesse renouvelées; si l'idéal suprême que poursuivent nos rêves nous était apparu, comme à elle, sous une forme précise, vivante, sous les traits du divin Crucifié ?

Du jour ou Thérèse le vit, tout pâlit, tout se décolora, tout s'effaça pour elle.

Jeune fille, elle avait aimé le monde, elle avait connu le charme enivrant des affections humaines, mais, à partir de ce jour-là, le charme fut rompu. Toutes les délices de la terre lui parurent insipides et fades. Pleine de ses divines visions, tout le jour, partout, elle allait, elle venait, souriante, enflammée. « Je brûlais, dit-elle, je me sentais mourir. A chaque instant, mon cœur était près d'éclater. » Il éclate, en effet, en transports, en cris sublimes. Un souffle la soulève ; le langage ordinaire ne lui suffit pas. Elle ne parle plus, elle chante. Des flots de poésie s'échappent de son âme. Et quelle poésie! ardente, brûlante, dont elle-même disait : « Ce n'était pas un travail de mon esprit, mais un jet de mon âme tourmentée par l'amour. » Elle dit la beauté inénarrable de Dieu, son désir de le voir, les tristesses de l'exil, et son incurable mélancolie. Un jour où l'ivresse était plus forte, où la divine folie de l'amour la jetait dans des transports plus vifs, un ange lui apparut. Il tenait dans sa main un dard. Le fil en était d'or et la pointe en était de feu. Il le plongea à plusieurs reprises dans son cœur et il lui fit une profonde blessure. Cette blessure, elle ne guérira pas. Elle ira s'élargissant toujours, et la malade du divin amour, comme l'appelle Bossuet, portera jusqu'à la mort son mystérieux tourment.

O flèches d'or, flèches divines, puissiez-vous nous percer nous-mêmes, et nous faire une blessure si profonde que tous les baumes de la terre ne puissent la guérir et qu'elle ne se cicatrise qu'au ciel !

II

Il ne faudrait pas, mes sœurs, après ce que je viens de dire, vous représenter Thérèse comme une contemplative solitaire qui, perdue dans ses rêves divins, et oublieuse du monde, s'endort dans les langueurs de l'amour et dans une immobile contemplation. Non, et c'est là un des contrastes de cette riche nature, en même temps qu'elle a toutes les sublimités du génie, toutes les ardeurs du cœur, elle a les vues pratiques du plus ferme bon sens, et, pour les réaliser, une activité dévorante, un indomptable courage et une patience invincible.

Née à une heure où une grande révolution religieuse s'opère dans le monde, elle a entendu parler des ravages de l'hérésie ; elle sait que la moitié de l'Europe est en feu et que plusieurs nations catholiques ont renié leur mère. Sans doute, son Espagne lui est restée fidèle. La vieille foi chrétienne s'y est retrempée dans huit siècles de combat. Ses cloîtres abritent encore de grandes âmes et de grandes vertus.

La vie religieuse est loin cependant de réaliser le sublime idéal qu'elle porte en son âme. Le Carmel, en particulier, est dégénéré. Le monde y a pénétré ; il en a troublé le recueillement et énervé la mâle discipline.

Thérèse ne se contente pas de verser sur ces défaillances et sur les outrages faits à Jésus-Christ des larmes stériles. Elle comprend que, pour les réparer, il faut un effort extraordinaire, un puissant réveil de toutes les forces de l'Église et de grandes immolations. L'esprit d'apostolat s'empare d'elle, de sublimes projets la sollicitent. Un moine apostat a porté la révolution dans le cloître, si elle y portait la réforme! Si, à l'exemple de tant de grands évêques, de saints religieux dont elle entend raconter les œuvres, elle travaillait, elle aussi, à la régénération de l'Église, en travaillant d'abord à la régénération de sa propre famille religieuse!

Mais qu'est-elle, faible femme, pour une pareille œuvre? Comment retremper aux sources de la vie surnaturelle tout un grand ordre religieux? Comment en écarter les abus? Comment rétablir entre le monde et lui des barrières infranchissables et respectées? Comment faire accepter à des âmes habituées à une vie facile la solitude, l'oraison, le jeûne, la discipline? Comment faire rayonner devant elles l'idéal obscurci de la vie religieuse, ranimer leurs ardeurs éteintes, et les mener, généreuses et vaillantes, vers les âpres sommets de la perfection?

Le rôle du fondateur est facile: à peine a-t-il annoncé son projet, qu'il voit accourir à lui des âmes jeunes, enthousiastes, avides de sacrifices; il a plutôt à modérer qu'à exciter leur ardeur: c'est un enchantement. Tout autre est le rôle du réformateur. Il a devant lui non plus la nature humaine transfigurée par la grâce, mais la nature humaine déchue. Il a devant lui l'orgueil et ses susceptibilités, la sensualité et ses mollesses, l'habitude et sa force, le monde et ses préjugés.

Thérèse sait tout cela. Aussi elle frissonne devant le sacrifice, mais elle n'hésite pas. Elle fait connaître son projet. On le regarde d'abord comme une folie et on commence par en rire; mais bientôt on n'en rit plus, on le combat avec fureur. Prêtres, séculiers, religieux, s'unissent dans une commune réprobation. C'est au monastère de l'Incarnation surtout que l'irritation est profonde. Comment ! troubler la paix de son monastère, condamner par ses réformes des religieuses vénérables, vieillies dans le cloître, toucher à ces règles qu'elle-même a acceptées au jour de sa profession religieuse ! Mais c'est un affront et un scandale ! Il faut étouffer ses intrigues, la jeter en prison et l'empêcher de réaliser ces rêves d'un cerveau malade et exalté. Son confesseur lui ordonne de renoncer à son projet. Le Provincial des Carmes refuse de l'approuver. Du haut de la chaire, des prédicateurs l'accablent d'invectives. Le déchaînement est général.

Mais le monde entier fût-il soulevé contre elle, le Maître divin commande, et Thérèse obéira. Elle réunit quatre orphelines et s'enferme avec elles au couvent de Saint-Joseph. La cloche sonne le premier exercice. Aussitôt la ville s'ébranle. « Une apparition des Maures, raconte Thérèse elle-même, n'eût pas jeté plus d'épouvante. »

Une foule houleuse remplit les rues. Le corrégidor, les magistrats, se réunissent, à la hâte, à l'Hôtel-de-Ville, et, dans une séance tumultueuse, votent la destruction du couvent. Il eût été détruit, en effet, si un fils de Saint-Dominique ne l'eût sauvé par sa courageuse éloquence. On porte l'affaire au conseil du roi. Thérèse l'y suit, mais elle la porte, en même temps, au conseil d'une majesté plus haute. Pendant six mois, l'orage gronde ; pendant six mois, comme elle le dit dans son pittoresque langage, « Satan déchaîne tous ses diablotins. » Thérèse leur tient tête ; elle déploie une activité, une énergie extraordinaire. Elle triomphe enfin. Dans l'ivresse de sa joie, elle court se jeter au pied de l'autel. Notre-Seigneur lui apparaît, il s'incline vers elle avec un indicible amour et pose une couronne sur sa tête. Le premier monastère de la réforme est fondé.

Comment suivre Thérèse dans toutes ses autres fondations? Comment vous redire tous ses travaux, toutes ses glorieuses fatigues? Elle voyage de jour, de nuit, dans un méchant chariot, ou au dos d'une mule; tantôt sous une bise glaciale, tantôt sous un ciel de feu; percluse d'un bras, brûlée par la fièvre, mais gaie, intrépide, charmant ses compagnons par sa bonne humeur et ses vives saillies, les édifiant par sa piété. Ni montagnes, ni précipices, ni torrents, ne peuvent l'arrêter. Elle se joue avec toutes les difficultés. Des difficultés d'argent, il n'en faut pas parler. A Tolède, elle n'a que trois ducats. « Thérèse et trois ducats, dit-elle gaîment, ce n'est rien, mais Dieu, Thérèse et trois ducats, c'est tout !... » C'est avec cela, en effet, que la plupart de ses monastères se fondent. Il faut obtenir l'agrément des Évêques, elle l'obtient; triompher des résistances des gouverneurs, des exigences, des fantaisies des fondateurs, elle en triomphe. Elle se tire, avec une habileté merveilleuse et en vraie femme d'affaires, comme elle le dit elle-même, des mauvais procès qu'on lui intente. A force de démarches, d'adresse, d'énergie, toutes les difficultés s'aplanissent; les maisons de pierre s'élèvent; mais c'est l'édifice spirituel surtout qui grandit.

Entrez dans un de ces monastères qu'elle vient de fonder. Quelle transformation !... Les parloirs sont vides; le silence règne dans le monastère; la paix l'enveloppe. La prière y monte, ardente, ininterrompue, vers Dieu. Dans les heures qu'elles ne donnent pas à la contemplation, car le grand et large esprit de Thérèse a su, dans une admirable mesure, combiner les deux vies, les héritières des plus grandes familles de l'Espagne, des jeunes filles accoutumées à toutes les délices du monde, cousent, filent, balaient les corridors, manient l'aiguille et le fuseau. Dans la poitrine de chacune de ces généreuses enfants, sous la bure, bat un cœur d'apôtre. Ne pouvant venger leur Dieu par leurs paroles, elles lui offrent du moins, pour apaiser ses colères et consoler son cœur, avec leurs prières et leur virginal amour, les larmes et le sang de l'expiation. Et Notre-Seigneur sourit à ces innocentes victimes. « Ma fille, dit-il un jour à Thérèse, c'est ici mon Paradis de délices. » Vrai Paradis de délices, en effet, où l'amour couvre tout et transfigure tout de sa divine magie. Les haires, les disciplines, les jeûnes, les macérations, ont un charme étrange qui fait qu'on y court avec une ardeur passionnée. On dirait que la pénitence a perdu ses amertumes. Les âmes sont libres, épanouies, joyeuses. La plupart sont favorisées des plus intimes communications avec Dieu. Mais à voir avec quelle aisance, quelle sérénité, elles conversent avec la terre, vous ne diriez pas qu'elles descendent du ciel. Une charité aimable règle leurs rapports; une douce gaîté anime leurs récréations. Elles chantent souvent quelque cantique, quelque composition poétique qui a jailli du cœur de Thérèse. Elles ont horreur de ce qu'elle appelle les *dévotions niaises*. Comme de grandes fleurs baignées de toutes les ondées du ciel, échauffées de tous les rayons du soleil, elles s'épanouissent largement et joyeusement dans l'air pur et dans la lumière. Il avait bien raison, ce vieil historien qui appelait le Carmel un jardin d'agrément, où le Roi du ciel, quand il était fatigué et mécontent, allait se reposer et se défâcher.

Ah! mes Sœurs, mes Sœurs, fatigué et mécontent, le Roi du ciel l'est toujours; il est fatigué de nos ingratitudes, de nos lâchetés et de nos crimes, et peut-être qu'à certaines heures, sa colère est près d'éclater. Que votre amour le console, que vos pénitences l'apaisent, et qu'en s'abaissant sur la terre ses regards trouvent toujours, en chaque Carmel, un jardin d'agrément qui repose et défâche son cœur.

Thérèse était heureuse du renouvellement du Carmel. Mais une pensée la poursuivait. Elle n'avait accompli que la moitié de sa tâche. Fallait-il laisser scindée en deux la grande famille d'Élie? Ce qu'elle venait de faire pour ses sœurs, était-il impossible de le faire pour ses frères?... Ce serait si beau!... Elle prierait, elle, derrière ses grilles, avec ses phalanges de religieuses, et ses frères, soutenus de toutes les forces de la prière et du sacrifice, se jetteraient dans la mêlée, y défendraient l'Église et vengeraient Jésus-Christ! Oui, ce serait beau! Mais comment réaliser un tel projet? Comment le faire accepter à ces rudes Castillans qui portent jusque sous le froc leur indépendance et leur fierté? Comment?... L'amour a ses audaces et le zèle de l'apostolat de divines témérités!...

Elle communique ses projets au P. Jean de la Croix et au P. Antoine; ils les acceptent et elle commence la réforme, comme elle le dit en riant et en faisant allusion à la petite taille du P. Jean, avec un religieux et demi.

Mais si la taille est petite, le cœur est grand et le courage indomptable. Bientôt Durvello voit des prodiges de pénitence : des cellules où on peut à peine s'étendre; pour lit, de la paille, des planches ou la terre nue; pour oreillers, des pierres; pour ornement, des croix de bois et des têtes de morts. Une race de héros a surgi de ce sol arrosé, pendant huit siècles, du sang des martyrs. Aucun sacrifice n'effraie leurs mâles courages : ils gravissent hardiment les pentes du Golgotha et embrassent d'une étreinte passionnée leur crucifix sanglant.

Mais si là est la gloire, là aussi est le péril. Il est à craindre que la fougue du tempérament n'entraîne trop loin ces âmes de feu. Ce que Thérèse eut à déployer d'énergie, de prudence, pour les contenir, est impossible à dire : ce qu'elle souffrit l'est encore plus. L'ancien Carmel se soulève. Les luttes fraternelles qui ont attristé ses premières fondations se renouvellent. Je ne vous en ferai pas le récit. Qu'il me suffise de dire que, de la première à la dernière heure, Thérèse surveille la lutte, la dirige, la domine, l'empêche d'aboutir à une catastrophe, et que, si le Carmel est debout, c'est grâce à un bon sens poussé jusqu'au génie et à une intrépidité poussée jusqu'à l'héroïsme.

Vous entrevoyez, mes Sœurs, quelles souffrances abreuvèrent son âme. Il est vrai qu'elle en était avide, et le cri immortel : ou souffrir ou mourir ! traversera les siècles comme le *sitio* du Calvaire. Elle avait de bonne heure compris la fécondité de la souffrance. Elle savait qu'elle a été le moyen choisi de Dieu pour racheter le monde, la suprême preuve d'amour qu'il lui a donnée, le charme dont il l'enchante, et que la croix est le lit nuptial où de l'union avec son époux divin devait naître la postérité spirituelle du Carmel régénéré.

Elle s'y étendit donc. Elle en savoura, dans un long martyre, les humiliations, les angoisses et les tourments.

Je ne parle même pas des larmes amères avec lesquelles elle pleura ce qu'elle appelle les grandes infidélités de sa vie.

Je ne parle pas des maladies étranges qui torturèrent son corps dès sa jeunesse, et qui, sous des formes diverses, la suivirent jusqu'au tombeau.

Je ne parle pas des disciplines dont elle flagellait sa chair innocente, des haires, des pointes de fer et de toutes ces industries de la pénitence au moyen desquelles elle offrait à Dieu des compléments sublimes.

Qu'est-ce que cela pour une âme comme la sienne ? Il lui fallait des tourments plus exquis, plus délicats, plus profonds, plus intimes.

Elle les connut.

Son tourment, ce sont ces confesseurs inintelligents qui, au sortir de ses extases, veulent la faire douter des faveurs divines, lui interdisent l'oraison, la communion, et troublent à ce point son âme qu'elle est toute tremblante et n'ose plus rester seule même en plein jour.

Son tourment, c'est, après les radieuses visions du ciel, le spectacle des ingratitudes, des crimes de la terre et de tous les outrages faits à Jésus-Christ.

Son tourment, tourment ineffable que comprennent seules les âmes que l'amour a blessées, ce sont les sécheresses, les dégoûts, les délaissements de son Dieu, c'est une agonie morale dans laquelle il lui semble, selon ses expressions, « que son âme étouffe et que le démon joue avec elle comme avec une balle. »

Son tourment, enfin, c'est ce grand amour qui la promène de ville en ville, sur toutes les routes de l'Espagne, comme folle et comme enivrée, et qui se heurte, à chaque pas, à des passions mesquines, à des intérêts grossiers; ce sont les contradictions incessantes dont on poursuit son œuvre. Qu'on l'accable d'injures; qu'on la traite de visionnaire, de possédée, d'hérétique; qu'on la dénonce à l'Inquisition, tant qu'on le voudra; que le chapitre général de son ordre la frappe de sentence injuste, passe encore;... aux souffrances qui n'atteignent qu'elle-même se mêle une sorte d'âpre douceur. Mais voir s'effondrer son œuvre, cette œuvre à laquelle elle a tout sacrifié, à laquelle elle a consacré ses forces, sa vie! Voir les vertus de ses fils méconnues; voir le compagnon de ses travaux, l'émule de son zèle, Jean de la Croix, battu de verges et jeté en prison comme un criminel : voilà la grande, voilà l'inénarrable souffrance. Elle la supporte avec patience, sans doute, mais quelles larmes dans sa pauvre cellule! quels cris jetés à Rome, à Madrid, au roi, au Souverain-Pontife, au Général de l'Ordre! Quelles fières protestations! Debout au milieu des ruines, elle apparaît comme une colonne inébranlable, comme le dernier soutien et la dernière espérance du Carmel.

Ah! mes sœurs, que vous et vos frères vous lui avez

coûté ! Vous êtes nées de ses larmes, de son sang, et comme on dit que c'est du flanc ouvert de Jésus-Christ qu'est sortie l'Église, on peut dire que c'est du cœur déchiré de votre mère, filles du Carmel, que vous êtes sorties !

Elle travailla, elle souffrit ainsi jusqu'à la dernière heure. Épuisée, brisée par l'âge et par la pénitence, on vit « la pauvre petite vieille », comme elle s'appelait, reprendre son bâton de voyage, entreprendre de nouvelles fondations, aller d'un monastère à l'autre, réformant les abus, réveillant la ferveur, exhalant de sa bouche, de ses vêtements, des parfums célestes, mais embaumant plus encore les âmes par ses vertus.

Seulement une grande transformation s'est opérée en elle. Les élans des années ardentes de sa maturité se sont calmés ; l'extase ne la ravit plus aussi souvent ; son âme va à Dieu par un mouvement profond, continu, mais paisible ; la sérénité brille sur son front ; on dirait la paix du soir après une journée d'orage, ou les recueillements mélancoliques de l'automne après les ardeurs et les fatigues de l'été. On lui prodigue les honneurs, on lui fait des ovations et elle s'en aperçoit à peine. Elle ne tient plus à la terre, et la mystérieuse blessure du séraphin saigne plus que jamais. Elle ne peut plus se passer de son Dieu, et son cœur, loin de lui, languit de douleur et d'amour. Déjà, quelques années auparavant, dans la semaine de la Passion, elle avait été prise d'un tel désir de le voir que la nature avait défailli. Pâle, hors d'elle-même, éclatant en sanglots, il avait fallu la porter sur sa couche, où elle était restée jusqu'au lendemain dans une sorte d'agonie. Et, quand elle en était sortie, la glose célèbre où vibrent tous les soupirs de l'exil, tous les élans de l'espérance, tous les cris du désir, avait jailli de son cœur : « Je me meurs, je me meurs de ne pas mourir !... »

A Albe de Tormès, le mal du ciel la reprit et l'agonie recommença. Elle s'étendit sur sa couche. Jésus-Christ l'y visita. A son approche, elle se souleva, ses traits s'illuminèrent. « O mon Bien-Aimé, s'écria-t-elle, elle est donc venue, l'heure tant désirée ; il est temps de nous voir ! » Le soleil baissait à l'horizon et n'envoyait plus à travers les carreaux de la cellule qu'une lueur mourante. Des fleurs, les dernières de l'automne, répandaient leurs parfums. Thérèse demanda qu'on la revêtît de linge blanc : elle voulait se parer pour les noces éternelles ! Elle inclina sa tête sur l'épaule d'une fille bien-aimée ; ses lèvres étaient entr'ouvertes par un doux sourire ; ses rides avaient disparu et les grâces de la jeunesse s'unissaient sur son visage à la majesté de la mort. Une clarté grandissante environnait sa tête. L'agonie, ou plutôt l'extase dura quatorze heures. Enfin, l'amour ayant consumé les derniers liens qui la retenaient, elle poussa trois légers soupirs et son âme s'envola dans le sein de Dieu.

Au même instant, sous la fenêtre de la cellule, un arbre desséché refleurit ; des parfums célestes remplissent et embaument le couvent ; des voix angéliques se font entendre ; des vierges du ciel viennent chercher leur sœur. Les miracles commencent. Bientôt l'Église de la terre unira ses hommages à ceux de l'Église du ciel. Les rois de l'intelligence, Bossuet, Fénelon, et bien d'autres, viendront à l'école de l'humble vierge d'Avila, inclineront devant elle leur génie, se feront ses disciples, et l'humanité saluera en elle une des plus étonnantes créatures qui l'aient honorée, un des types les plus achevés de la perfection et de la beauté morales, en qui tous les dons de la nature et de la grâce se trouvent réunis dans une harmonie merveilleuse : sublimité et pénétration du génie ; éclat et grandeur de l'imagination ; générosité et tendresse de cœur ; activité dévorante et mesure parfaite; intrépidité héroïque dans l'action et indomptable constance dans l'épreuve. Avec cela, une langue merveilleuse, l'éloquence, la poésie, la beauté physique ; les traits de la vierge, du chevalier, de l'apôtre, du martyr, fondus dans la même physionomie, en un mot, tous les charmes !

O mes sœurs, vous surtout, ne vous lassez pas de contempler et d'étudier cette physionomie ! Dieu en a fait le type le plus achevé peut-être de la perfection religieuse. Qu'il soit devant vous, comme une perpétuelle vision, pour charmer vos heures, exciter votre émulation et enflammer vos courages ! Filles du Carmel, que l'esprit de votre mère repose sur vous ! Que les vains bruits du monde ne pénètrent pas dans votre solitude, mais que la prière et le sacrifice y montent toujours vers Dieu pour expier nos folies et attirer ses grâces ! Que derrière vos grilles règnent toujours la paix, la sainte liberté de l'âme, et, dans la pénitence elle-même, l'allégresse et la gaîté ! Qu'étrangères pour le reste au monde, vous sentiez cependant pour lui et les ambitions et les ardeurs conquérantes de l'apostolat ! Que l'amour de Jésus-Christ surtout vous consume, qu'il inspire votre vie et transfigure votre mort !

Et nous, mes Frères, sera-ce en vain que nous aurons contemplé l'âme de Thérèse ? Non, devant elle, je veux le croire, bien des fantômes auront pâli, bien des préoccupations vulgaires seront tombées ; l'idéal de la vie humaine aura grandi, et notre cœur, en s'approchant de ce cœur incomparable, se sera réchauffé à sa flamme immortelle !

Ainsi soit-il.

IMP. GEORGES JACOB, — ORLEANS.

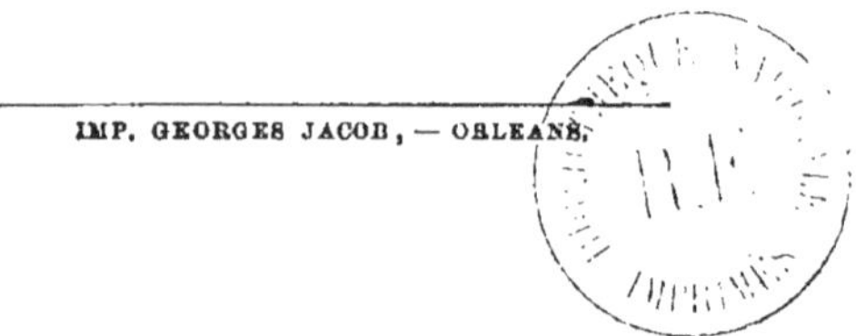

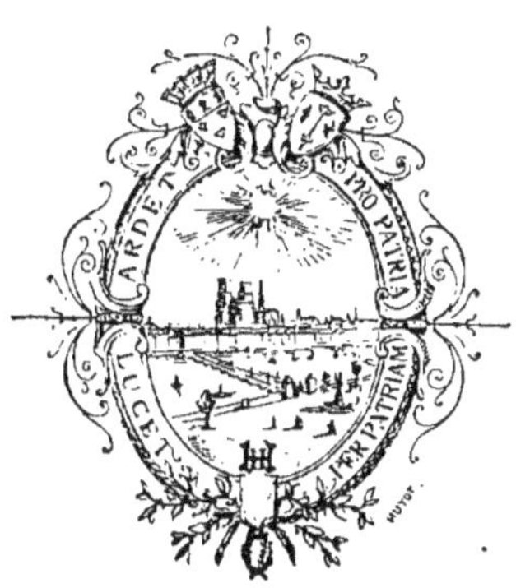
ARDET
PRO PATRIA
LUCET
PER PATRIAM

[illegible] l'École. [illegible] prononcé [illegible] Séminaires d'Orléans à La Chapelle-[illegible] 32 pages in-8° . . . . [illegible]

Saint Charles Borromée. Panégyrique [illegible] d'Orléans, le 8 novembre 1881. 32 pages in-8°. [illegible]

Panégyrique de saint Marc, prononcé dans l'église de [illegible] d'Orléans, le 30 avril 1882. 24 pages in-8° . . . . [illegible]

Panégyrique de saint Paul, prononcé dans l'église de [illegible] 28 janvier 1883. 52 pages grand in-8° . . . . [illegible]

Panégyrique de sainte Chantal, 1883. 12 pages grand in-8° [illegible]

Panégyrique de saint Jean-Baptiste, 1883. 16 p. gr. in-8°. [illegible]

Panégyrique de Jeanne d'Arc, prononcé dans la Cathédrale d'Orléans, le 8 mai 1883, 4° édition. 46 pages grand in-8° . . . . 1 fr.

Saint François de Sales adolescent. Allocution à des jeunes gens, 1884 12 pages grand in-8° . . . . 50 c.

L'Espérance. Discours prononcé le 26 avril 1885, dans l'église de Saint-Paterne, 3° édition. 20 pages grand in-8° . . . . 1 fr.

L'Enfance chrétienne. Allocution prononcée le 8 mai 1885, pour la bénédiction de l'Orphelinat Saint-Léon, au château de La Ferté-Saint-Aubin. 12 pages grand in-8° . . . . 50 c.

Panégyrique de sainte Marie-Madeleine, prononcé dans l'église de Montargis, le 26 juillet 1885. 24 pages grand in-8° . . . . 1 fr.

Dieu, Jésus-Christ, le Prêtre. 1886, 32 pages grand in-8° . . . 1 fr.

Le Sacrifice. Discours prononcé le 24 janvier 1886, dans l'église de Saint-Jacques-du-Haut-Pas. 1886, 2° édition. 24 pages grand in-8° . . . . 1 fr.

Jésus-Christ et sa place dans le monde. Discours prononcés dans la Cathédrale d'Orléans pendant l'Avent de 1886. 1887, 72 pages grand in-8° . . . . 1 fr. 50

Rome et Lourdes. Souvenirs de Pèlerinage. 1887, 12 pages grand in-8° . . . . 1 fr. 50

Panégyrique du Bienheureux Jean-Baptiste de la Salle, fondateur de l'Institut des Frères des Écoles chrétiennes, prononcé dans l'église de Saint-Euverte le 25 juin 1888. 1888, grand in-8° de 32 pages. . . . . 1 fr.

La Science et la Vertu. Allocution prononcée au Petit Séminaire de La Chapelle-Saint-Mesmin le 8 décembre 1888. 1888, grand in-8° de 10 pages. . . . . 50 c.

L'Orphelin et la Charité. Discours prononcé dans l'église de Saint-Pierre-du-Martroi le 28 décembre 1888. 1889, gr. in-8° de 10 pages. 1 fr.

La Charité. Discours prononcé à Orléans, dans l'église de Saint-Paterne, le 2 février 1889. 1889, grand in-8° de 18 pages. . . . . 1 fr.

Le Foyer, l'École et l'Église. Allocution prononcée le 27 octobre 1889 dans l'église de Briare. 1890, grand in-8° de 10 pages. . . . . . . 50 c.

Jésus-Christ et le Peuple. Allocution prononcée à Briare, le 26 juin 1890, pour la bénédiction du nouvel Hospice. 1890, gr. in-8° de 12 pages. 75 c.

Panégyrique de sainte Thérèse, prononcé le 15 octobre 1890, dans la chapelle des Carmélites d'Orléans. 1890. 24 pages in-8°. . . . . 1 fr.

IMP. GEORGES JACOB, — ORLÉANS.

www.ingramcontent.com/pod-product-compliance
Lightning Source LLC
LaVergne TN
LVHW020310230826
846091LV00006B/2617

* 9 7 8 2 0 1 1 7 9 1 7 3 3 *